LIZANDRA MAGON DE ALMEIDA

A vida é sopa!

São Paulo, 2014
1ª edição

LIZANDRA MAGON DE ALMEIDA

A vida é sopa!

RECEITAS E HISTÓRIAS PARA O CORPO E A ALMA

Pólen
livros

Copyright © 2014 by Lizandra Magon de Almeida
Todos os direitos reservados à
Pólen Produção Editorial Ltda.
Av. Brig. Luiz Antônio, 2050 cj. 37
São Paulo (SP) 01318-002
(11) 3675-6077
www.polenlivros.com.br

DIREÇÃO DE ARTE E PROJETO GRÁFICO Marta Teixeira

ILUSTRAÇÃO Victoria Andreoli

FOTOGRAFIA Paulinho de Jesus (comercomosolhos.com.br)

PRODUÇÃO Marta Teixeira e Gabriela Ortega
(agradecimento: Tok Stok e Roberto Simões)

TRATAMENTO DE IMAGENS Fernando Souza

REVISÃO DE PROVAS Lívia Koeppl

Almeida, Lizandra Magon de.
 A Vida é Sopa: receitas e histórias para o corpo e a alma / Lizandra Magon de Almeida, ilustração Victoria Andreoli, fotografia Paulinho de Jesus. - 1ª ed. - São Paulo : Pólen, 2014.
 64 p.

 ISBN 978-85-98349-14-5

  1. Culinária 2. Receitas I. Andreoli, Victoria
  II. Jesus, Paulinho de. III. Título.

14-01752   CDD 641.5

Sumário

APRESENTAÇÃO 6
UTENSÍLIOS E MEDIDAS 10
TEMPEROS PARA TER SEMPRE NA COZINHA ... 12
RECEITAS E HISTÓRIAS 14

SOPA, A PRIMEIRA RECEITA DO HOMEM ... 16
    Canja sustança 18

LEVANTA DEFUNTO ... 20
    Sopa de raízes 22

SOPA DE PEDRA ... 24
    Sopa de carne com legumes e arroz 26

MAFALDA E A SOPA POLÍTICA ... 28
    Base da sopa de mandioquinha 32
    Mandioquinha com alho-poró 33
    Mandioquinha com carne seca 34
    Mandioquinha com frango 35

CADA PAÍS COM A SUA SOPA ... 36
    Beterraba com iogurte 38
    Lentilha com garam masala 40
    Ervilha com curry 42
    Sopa Hommus 44

SOPA, CIÊNCIA E ARTE ... 46
    Base da sopa de abóbora 50
    Abóbora com shitake 51
    Abóbora com queijo azul 52
    Abóbora com gengibre 53

CALDINHOS BRASILEIROS ... 54
    Caldinho de feijão do Festival 56
    Sopa de feijão branco 58

PARA IR ALÉM 60
QUAL A DIFERENÇA? 62
REFERÊNCIAS BIBLIOGRÁFICAS 63

Apresentação

Em meados de 2008, quase quatro anos depois de um processo bem sofrido de separação, eu começava a aproveitar a vida de novo, a sentir que toda aquela tristeza por fim estava me dando um tempo.

Esses três anos e tanto foram um período de luto, de solidão, a primeira vez em que me dei a chance da introspecção. Sozinha comigo mesma, mas sempre com muita gente por perto, cozinhei muito e compartilhei minhas invenções na cozinha com vários amigos novos e antigos.

Um dia uma amiga me contou que tinha ido a uma festa e que, no final, serviram uma sopa deliciosa. Algo como aquela canja consistente, típica do fim dos bailes de Carnaval no interior. Depois de dançar a noite toda, de beber demais da conta, nada como uma rebatida nutritiva para dormir de barriga cheia e avisar a ressaca que nem pensasse em aparecer. Quando eu era adolescente, passei vários carnavais em Leme, onde mora parte da minha família. Os primos do meu pai que nos hospedavam sempre tiveram um serviço de bufê e por muitos anos foram donos do bar do clube onde pulávamos Carnaval. A canja do fim do baile era obrigatória, uma lembrança constante.

Fiquei com isso na cabeça e no meu aniversário daquele ano resolvi fazer duas sopas para servir na festa, além de outros beliscos gostosos. Inventei uma receita de mandioquinha com alho-poró e outra de abóbora cabochã com gengibre. Todo mundo adorou.

O que sobrou, congelei. Distribuí alguns potinhos para amigos, guardei outros. Sempre que chegava cansada do trabalho, tinha no freezer uma sopinha para esquentar o corpo e a alma.

    Quando os potinhos distribuídos acabaram, os amigos começaram a me pedir refil. Pensei comigo: conheço tanta gente que trabalha muito, até tarde, chega exausta em casa e acaba comendo qualquer porcaria. E se eu fizesse as sopas para congelar e vender?

    Nessa fase em que eu tinha acabado de saldar todas as dívidas financeiras e emocionais da separação, estava ávida para descobrir um novo talento, alguma coisa que não exigisse dezenas de horas sentada na frente do computador.

    E se eu guardasse todo o dinheiro extra e fizesse uma viagem mais longa, as primeiras férias de um mês inteiro em quase 20 anos de carreira?

    E assim foi. Durante os anos de 2009 e 2010 eu preparei sopas, congelei e vendi para muitas amigas e alguns amigos (por que será que homem não gosta tanto de sopa?), e guardei cada tostão para fazer a viagem. Com isso, descobri algumas características que me definem. Com uma avó baiana e outra descendente de italianos, gosto de alimentar as pessoas. Gosto de cuidar com comida.

    Fui inventando as receitas de sopas a partir dos ingredientes que encontrava no mercado, intuindo combinações, aceitando sugestões, experimentando. E, conforme você experimenta, surgem novos *insights*, novas combinações de sabores. E se eu misturar isso com aquilo? E se transformar a receita tradicional, supercalórica, em uma versão mais light, trocando creme de leite por iogurte?

    A intenção sempre foi alimentar bem, com ingredientes frescos, da época e orgânicos, sempre que possível. Sem aditivos. Sem caldos prontos. Temperando com alho, cebola, alho-poró, ervas frescas e secas.

Não são necessariamente receitas vegetarianas, mas a maior parte delas é. Eu bem que gosto de caldo verde, adoro uma linguicinha. Quem resiste a um bacon torradinho na sopa de ervilha? Mas a maioria das minhas clientes era vegetariana e/ou estava preocupada em manter a forma. Por isso optei por receitas menos calóricas.

Com o dinheiro que guardei em 2009 e 2010 — em uma caixinha de madeira que ganhei de outra amiga logo que comecei a empreitada — passei o mês de fevereiro de 2011 estudando roteiro de cinema em Buenos Aires.

Foi uma das melhores temporadas da minha vida, experimentando o anonimato absoluto, estudando, lendo muito e comendo bem. Alguém precisa de mais?

No pequeno apartamento que aluguei no bairro de Palermo, preparei refeições para mim com as duas panelas velhíssimas que havia por lá. E percebi que a cozinha tinha se tornado meu espaço de meditação.

Assim como pintar mandalas (outro hobby) faz recombinar formas, cores e padrões que ajudam a "limpar" o cérebro da poluição informativa do dia a dia, na cozinha os cheiros e sabores se misturam com os processos mentais e ajudam a colocar a casa interna em ordem. Ao picar ou preparar os ingredientes para uma receita, você imagina combinações, prevê sabores, cria processos. E se organiza.

As receitas do livro são o resultado dessa experiência. Hoje ainda preparo sopas, mas com bem menos frequência do que algumas das minhas clientes mais fiéis gostariam.

Por isso, decidi compartilhar as receitas, acreditando que dessa maneira mais gente pode garantir uma refeição gostosa, saudável e quentinha para encerrar bem a noite.

Afinal, se estamos bem alimentados, a vida é sopa!

Utensílios e medidas

Nunca tive equipamentos muito sofisticados na cozinha, mas tem coisas que realmente quebram um galhão. Picar um monte de cebola de uma vez no processador é muito rápido, assim como maços de salsinha ou de outras ervas. Picar realmente não é a minha especialidade, então eu recomendo um processador. E, se você não usar tudo, ainda pode secar bem com papel toalha e congelar. Não fica a mesma coisa, mas é melhor do que usar ervas secas.

Já que eu sempre faço sopa em grande quantidade, porque se não como no mesmo dia congelo em potinhos para comer nas semanas seguintes, é sempre bom ter um caldeirão grande. Quando comecei a fazer as sopas, comprei uma panela de pedra-sabão, que é ótima para receitas que precisam cozinhar por horas em fogo bem baixo. É perfeita para preparar molho de tomate e sopas de grãos. Como não gosto muito de panelas de

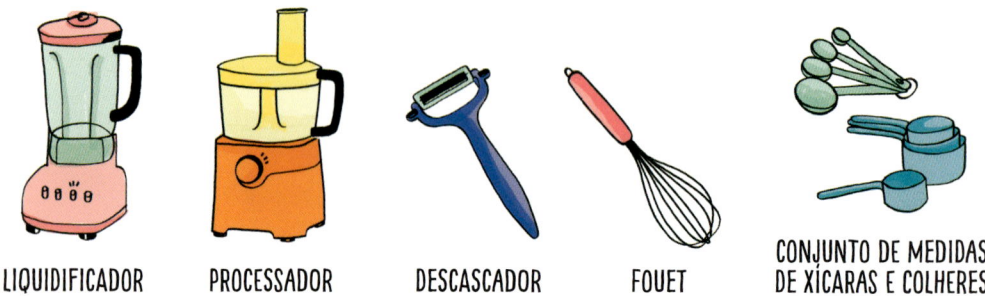

LIQUIDIFICADOR   PROCESSADOR   DESCASCADOR   FOUET   CONJUNTO DE MEDIDAS DE XÍCARAS E COLHERES

alumínio nem de teflon, comprei um caldeirão de inox daqueles de cozinhar espaguete, com a tampa toda furadinha, que também funciona bem para grãos, porque permite que o vapor vá saindo.

Um liquidificador é fundamental, assim como colheres de pau de cabo comprido para chegar ao fundo do caldeirão. Gosto de descascar os legumes com um descascador que tira só a película externa, para não desperdiçar nada, e acho fundamental ter um bom fouet, aquele batedor de arame, pois ajuda a tornar a mistura homogênea com facilidade.

Um conjunto de medidas de xícaras e colheres também ajuda quem precisa seguir a receita ao pé da letra. Eu nem sempre faço isso, mas em geral meço tudo da primeira vez, para depois ir tomando coragem para fazer adaptações.

Com esses utensílios, já dá pra alimentar a família e os amigos!

COLHER DE PAU DE CABO COMPRIDO   CALDEIRÃO DE INOX   PANELA DE PEDRA SABÃO   CALDEIRÃO DE COZINHAR ESPAGUETE   POTINHOS

Temperos para se ter

Minha avó fazia massa e molho em casa, enquanto minha mãe comprava massa e molho prontos. Eu, da minha parte, tento fazer o molho sempre que possível, e compro a massa nos lugares mais caseiros que encontro. A geração da minha mãe, de mulheres entre 60 e 70 anos, foi a primeira que teve acesso a alimentos industrializados, que tornaram a vida mais prática, especialmente porque muitas delas começavam a ter suas carreiras e trabalhavam fora, mesmo depois de casadas e com filhos.

Só que esse excesso de produtos com conservantes, cheios de sal e açúcar, hoje estão cobrando um preço alto de muita gente. Segundo uma pesquisa realizada pelo epidemiologista Moisés Szklo, da Universidade Federal do Rio de Janeiro (UFRJ), se os hipertensos brasileiros fossem tratados com os remédios disponíveis atualmente e aderissem totalmente ao tratamento, a queda de mortalidade por acidente vascular cerebral (AVC) seria de 15%. Se eles reduzissem em um terço o consumo de sal, a mortalidade cairia em 22%, sem necessidade de qualquer remédio.

Na casa da minha mãe, a comida era bem saudável e variada, sempre cheia de frutas, verduras e legumes, mas complementada às vezes por produtos industrializados e enlatados. Refrigerantes e salgadinhos eram um luxo eventual.

Um produto indispensável na vida agitada do século 20 é o caldo pronto, um cubinho milagroso que se transforma em caldo instantâneo, perfeito para ser usado em sopas. O problema é que o cubinho — cheio de sal, glutamato monossódico (como o próprio nome diz, mais um tipo de sódio) e conservantes — quando usado todo dia e junto com todos os outros enlatados, salgadinhos e comidas prontas, só faz mal.

sempre na cozinha

No lugar dos tais cubinhos, a melhor pedida é utilizar ervas e temperos naturais. Nem sempre dá tempo de preparar a sopa com um caldo feito em casa, cheio de nutrientes, a partir de algum tipo de carne e legumes (veja as receitas em "Para ir além"). De qualquer maneira, os ingredientes temperados com orégano, pimenta-do-reino, louro, salsa, alho, cebola, alho-poró e tantos outros temperos frescos e secos já garantem um sabor muito bom.

Quem está acostumado a comer muita comida pronta ou sempre cozinha com caldos prontos pode achar um prato preparado dessa forma meio sem sal — literalmente. Isso acontece porque o glutamato monossódico age dilatando as papilas gustativas, que são inundadas pelo sabor. A pessoa então acaba precisando comer cada vez mais sal e com isso vai ficando com o paladar meio "amortecido". É mais ou menos o que acontece com os fumantes, que também às vezes acham a comida sem graça. Mas, conforme a alimentação muda, e as pessoas deixam de consumir esses produtos, o paladar volta.

Os temperos sugeridos neste livro são os meus preferidos, mas a dica é ir experimentando e testando, até encontrar sua própria combinação.

ALHO

CEBOLA

PIMENTA-DO-REINO

LOURO

SALSA

SOPA, A PRIMEIRA RECEITA DO HOMEM

Já nos primórdios, o homem descobriu o fogo e passou a cozinhar seus alimentos. Para começar, deve ter assado uma carne, uma ave, talvez um peixe. Mas — vamos combinar — churrasco não é exatamente um "prato". Claro que hoje existem milhares de técnicas, mas é muito provável que a primeira receita criada pelo homem tenha sido a sopa. Quer dizer, a primeira combinação de vários alimentos cozidos: água fervida com tudo o que houvesse à mão.

Entre os ingredientes, talvez até estivesse o resto daquela carne assada um dia antes, além de legumes e verduras. Tudo colocado para ferver com água em uma pedra côncava ou em um recipiente de barro, algumas horinhas de fogo e *voilà!* — eis uma sopa! E, se esses primeiros gourmets ainda estivessem perto do mar, com água salgada tudo ficaria ainda melhor. Depois disso, surgiram variações sobre o mesmo tema, com aves, peixes e outros ingredientes que foram sendo descobertos e experimentados.

Na sopa nada se perde: ossos de animais, talos de legumes e verduras, restos da refeição do dia anterior. Tudo pode acabar indo para a panela e virando outra coisa. Na Itália, durante as Grandes Guerras, no inverno, algumas famílias mantinham os panelões 24 horas por dia no fogo à lenha, com uma sopa que ia sendo tomada e reforçada ininterruptamente. Se apareciam outros ingredientes, ela ficava mais substanciosa. Se não, era só botar mais água na minestra. E era só o que havia para comer.

Quando os vegetais e carnes são cozidos juntos na água, cada gosto contribui para virar um sabor novo. Os cereais ainda agregam amido, o que engrossa o caldo e cria o creme, mais consistente. Por isso, todas as combinações são possíveis!

Sendo a sopa um alimento tão primordial, eu não poderia começar o livro sem falar da sopa que mais adoro, a canja. Branquinha, com muito frango, cenoura e batata, não tem nada mais gostoso no inverno. E, cá entre nós, eu tomo até no verão. O que importa é que é bom demais!

Faço também uma versão mais natureba, com frango, legumes orgânicos e arroz integral. A proporção é basicamente a mesma, só muda o tempo do cozimento do arroz.

Canja sustança

INGREDIENTES
(RENDE 10 POTES DE 400ML)

600g de sobrecoxas de frango sem pele e com osso

1 cebola bem picada

2 xícaras de arroz

1 talo de salsão

1 cenoura cortada em rodelas grossas e mais 2 cenouras em cubinhos

2 batatas cortadas em cubinhos

Sal, pimenta, orégano, salsinha a gosto

Azeite ou óleo vegetal

2 ovos, opcionais, para acrescentar no fim

Parmesão para servir

MODO DE FAZER

» Tempere o frango com sal e pimenta e refogue no óleo ou azeite, deixando dourar um pouco de todos os lados. Acrescente a cebola picada, o salsão e a cenoura, e refogue mais um pouco. Cubra com água filtrada, acrescente uma pitada de orégano, sal e pimenta a gosto, e leve para cozinhar por meia hora na panela de pressão ou cerca de 45 minutos em uma panela normal.

» Quando estiver bem cozido, retire o frango com cuidado (a carne deve estar se soltando dos ossos), jogue fora o salsão e a cenoura e reserve o caldo. Deixe o frango esfriar até conseguir manipulá-lo e, então, desfie, tirando com cuidado as cartilagens e os ossos. Devolva à panela e acrescente o arroz e a cenoura em cubinhos. Deixe cozinhar por mais uns 15 minutos, acrescente os outros legumes e cozinhe até que fiquem macios.

» Se quiser que o caldo fique mais grosso, bata dois ovos com o garfo e acrescente um pouco de parmesão (cuidado com o sal). Despeje sobre a sopa fervendo e mexa bem.

» Sirva em cumbucas com parmesão ralado por cima e salsinha picada, se gostar.

BAGUETE FRESQUINHA... QUE DELÍCIA

LEVANTA DEFUNTO

Por ser um alimento consistente e de fácil digestão, para muitos, sopa é comida de doente. A canja, dizem, levanta defunto. Parece que as primeiras referências a uma sopa de frango com funções medicinais vêm da China, e de lá ela chegou a Portugal, que nos legou essa maravilha. Nos Estados Unidos, existe a *chicken soup*, um caldo de frango meio ralo com alguns leguminhos, que tem a mesma finalidade, mas nem de longe é tão "sustança" quanto a nossa canja.

A grande vantagem é a sua fácil digestão. Como tudo é bem cozido, o corpo ganha muitos nutrientes com pouco trabalho. Sopas têm sido prescritas a inválidos desde a Antiguidade e a literatura mundial é pródiga em exemplos. Parece até que o hábito de comer em restaurantes começou com os *restoratifs*, na França. É daí que vem a palavra "restaurante", cuja origem vem de "restauração" ou "recuperação". Tudo a ver com sopa. Os *restoratifs* eram carrinhos que vendiam este alimento restaurador nas ruas de Paris, prometendo saúde e bem-estar, quase como um remédio.

Depois de ter contraído vários problemas graves de estômago, inclusive uma úlcera, a sopa era obrigatória para o meu avô. No almoço e no jantar, lá estava ela, nas versões mais variadas. Meu avô era um verdadeiro gourmet: adorava propor receitas para a minha avó preparar. Às vezes ligava para o meu pai, seu genro, que compartilhava com ele o amor pela boa mesa, e dizia: "Vem almoçar aqui no domingo que eu comprei um pato".

E lá íamos nós almoçar na casa da minha avó para degustar a última invenção do meu avô. Ela nem sempre ficava muito feliz com as encomendas, mas sempre acabava preparando tudo, junto com uma massa maravilhosa, feita à mão. Imagine meu avô hoje, com a oferta de gostosuras disponível nos mercados. Ele ia enlouquecer!

Além da canja, uma boa sopa de legumes também levanta qualquer um e é perfeita para os amigos vegetarianos. Essa receita, então, ajuda a "encarnar". Sabe quando você está assim, meio avoado, precisando tomar uma decisão difícil? Minha amiga Monica Jurado, que inventou essa sopa, diz que ela é tiro e queda. Não é à toa que usa tudo que vem debaixo da terra. É a sopa pra fincar os pés no chão.

Sopa de raízes

INGREDIENTES
(RENDE 8 POTES DE 400ML)

1 cenoura grande

2 inhames pequenos

2 batatas médias

1 cará pequeno

200g de mandioca

200g de abóbora
(que não nasce dentro da terra, mas está ali bem perto do chão e ajuda a dar uma cor mais bonita)

2 mandioquinhas

2 folhas de louro

Sal e pimenta-do-reino

2 col. (sopa) de azeite virgem

½ cebola picada

Noz moscada

MODO DE FAZER

» Coloque em uma panela grande, com água suficiente apenas para cobrir, todos os legumes picados e descascados.

» Coloque o louro, a pimenta e o sal e leve ao fogo alto até ferver.

» Abaixe bem o fogo e deixe cozinhá-los até que fiquem bem macios, prestando atenção para não deixar a água secar.

» Depois que os legumes estiverem bem cozidos, bata tudo no liquidificador, acrescentando água filtrada até dar a consistência desejada.

» Em uma panela grande, refogue a cebola no azeite sem deixar dourar. Junte os legumes batidos, mexa bem e deixe levantar fervura.

» Acrescente a noz moscada ralada a gosto e sirva bem quente.

SOPA DE PEDRA

Pensar em sopa é pensar em sopa de pedra. Bom, pelo menos para mim, leitora voraz de Monteiro Lobato. Porque no Sítio do Pica-pau Amarelo tinha o Pedro Malasartes, personagem do folclore brasileiro, típico caipira malandro (o sobrenome não mente). Lá vinha o espertinho, com uma pedra redonda, e ia pedindo para a pobre tia Nastácia um pouco disso, um pouco daquilo, e acabava fazendo um sopão de dar gosto.

Só que a história da sopa de pedra é uma herança portuguesa, e existe em várias versões, tanto lá como aqui. A cidadezinha de Almeirim, a poucos quilômetros de Lisboa, incorporou o personagem e hoje é conhecida como a capital da sopa de pedra.

Reza a lenda que um frei andava pela cidade pedindo dinheiro para sua obra. Chegava à casa das pessoas e pedia licença para fazer uma sopa. Tirava do embornal uma pedra bem redonda, pedia emprestado um caldeirão e um pouco de água. Fazia uma fogueirinha e colocava ali o caldeirão. Aí, ia pedindo: "Quem sabe a senhora não tem um pouco de sal? Uma batatinha? Um pedaço de carne?" Hoje o tal do frei ganhou até uma estátua na cidadezinha portuguesa que o adotou e virou lugar de peregrinação.

Além de comida de doente, as instituições de caridade também transformaram a sopa em sinônimo de comida de pobre. Qualquer que seja a denominação religiosa, uma forma de fazer caridade é oferecer sopa a quem vive na rua ou a quem não tem o que comer. A base religiosa, no catolicismo, é a parábola do Bom Samaritano. Oferecer um prato de comida a outro faz parte da doutrina católica.

Independentemente da questão religiosa ou ideológica, ajudar alguém a se esquentar com uma sopinha deliciosa faz bem para a alma de quem a prepara e de quem come.

Uma das receitas da minha mãe que mais gosto é a sopa de carne, que pode ser reforçada com arroz ou macarrão. Em geral, a receita pede músculo, mas minha mãe prefere usar coxão mole ou outra carne que desfie, com menos gordura. É satisfação garantida!

Sopa de carne com legumes e arroz

INGREDIENTES
(RENDE 10 POTES DE 400ML)

300g de carne (músculo ou coxão mole)

½ cebola picada

1 dente de alho bem picado

2 cenouras

2 batatas pequenas

1 chuchu pequeno e/ou outros legumes, como vagem, mandioquinha, inhame e ervilha, a gosto

1 xícara de arroz (pode ser integral)

2 folhas de louro

Sal e pimenta-do-reino a gosto

Óleo vegetal ou azeite virgem

1 ou 2 ovos para engrossar

DICA TEM ALGUMAS QUITANDAS E ATÉ MERCADOS QUE VENDEM A SELETA PRONTA, PICADINHA; MAS PRESTE ATENÇÃO NA VALIDADE, POIS OS LEGUMES DETERIORAM MUITO MAIS RÁPIDO DEPOIS DE DESCASCADOS E, ÀS VEZES, QUANDO SE ABRE O PACOTE JÁ ESTÃO ESTRAGADOS

MODO DE FAZER

» Em uma panela de pressão grande, refogue a cebola e o alho picadinhos no óleo.

» Coloque então a carne picada em pedaços médios e refogue.

» Complete com cerca de 1½ litro de água filtrada e coloque as folhas de louro, o sal e a pimenta. Tampe a panela e deixe ferver. Quando começar a ouvir o barulho do vapor, abaixe o fogo e cozinhe por cerca de 30 minutos.

» Abra a panela e retire a carne. Enquanto ela esfria para que você possa desfiá-la, coloque a cenoura, a batata e o arroz no caldo. Cozinhe em fogo médio com a panela destampada. Se usar arroz integral, tampe a panela para cozinhar mais rápido, ou coloque primeiro o arroz, depois a cenoura e por último a batata, que cozinha mais rápido.

» Acrescente a carne, tire as folhas de louro e experimente. Se necessário, coloque mais água. Acerte o tempero e deixe cozinhar até os legumes e o arroz ficarem bem macios.

» Se quiser que o caldo fique mais grosso, acrescente um ou dois ovos batidos e espere levantar fervura novamente.

» Sirva com queijo ralado.

COMBINA COM PÃO INTEGRAL ALEMÃO

MAFALDA E A SOPA POLÍTICA

Na Argentina, a pobre sopa virou alegoria do totalitarismo militar. Minha personagem favorita dos quadrinhos, a menina Mafalda, passa a vida brigando com a mãe, que a obriga a tomar sopa. Para o seu criador, o cartunista Quino, a ideia de ser obrigado a tomar sopa — coisa que até a mãe mais legal já fez com seu filho — é a metáfora perfeita para os regimes militares que vários países da América do Sul engoliram contra a vontade.

Em uma entrevista, ele revelou que gosta de sopa, sim, mas, como a sua personagem, não lhe agradava ser obrigado a comê-la. Igualzinho a toda criança, Quino preferia frituras deliciosas, como *papas fritas* e *milanesas*, o bife empanado que os imigrantes italianos levaram tanto para a Argentina como para o Brasil.

As tiras de Mafalda foram publicadas de 1964 a 1973 e correram mundo. Onde houvesse opressão e injustiças, lá estava ela, com suas tiradas inteligentes e sua luta contra a sopa.

Sinceramente, se a mãe dela tivesse feito uma sopa de mandioquinha (também conhecida como batata-baroa), Quino teria de inventar outra metáfora. Porque não dá para resistir a uma sopa de mandioquinha! Eu faço três versões diferentes, todas com a mesma base, todas deliciosas. Como eu não gosto de usar leite ou creme de leite nas minhas sopas, porque tenho uma certa intolerância a lactose e também acho meio engordativo, é praticamente mandioquinha e só. Que, cá entre nós, também não é uma coisa light. Então é bom consumir com moderação.

Uma dica de economia: a época de mandioquinha vai de março a agosto. É nesse período que ela tem melhor qualidade e preço. Fora da estação, pode sair bem caro.

MANDIOQUINHA COM ALHO-PORÓ

Base da sopa de mandioquinha

INGREDIENTES
(RENDE 10 POTES DE 400ML)

1kg de mandioquinha

3 folhas de louro

½ cebola cortada em quatro partes

Sal e pimenta a gosto

MODO DE FAZER

›› Descasque as mandioquinhas com um descascador de legumes e corte em rodelas grossas.

›› Coloque em uma panela grande, cubra com água (só o suficiente para cobrir) e leve ao fogo.

›› Deixe cozinhar até ficarem bem macias, prestando atenção para não secar a água. Retire as folhas de louro e os pedaços de cebola.

›› Se gostar da sopa mais pedaçuda, amasse tudo com o garfo ou com um espremedor de batatas. Se quiser um creme, bata no liquidificador. Complete com água suficiente para dar a consistência desejada (ou leite, se preferir).

COM ALHO-PORÓ

INGREDIENTES

1 receita de sopa de mandioquinha *(veja pág. 32)*

1 alho-poró grande

5 col. (sopa) de azeite de oliva virgem

MODO DE FAZER

》 Corte o alho-poró ao meio no sentido vertical, desprezando as folhas externas mais grossas, e lave bem para tirar toda a terra. Corte em fatias finas. Se quiser, pode usar as folhas mais verdes no processo anterior, cozinhando junto com as mandioquinhas para dar mais sabor.

》 Em uma panela grande, refogue o alho-poró no azeite até ele ficar transparente.

》 Despeje o creme de mandioquinha e deixe cozinhar mais uns 10 minutos para pegar o sabor. Acerte o sal e a pimenta.

COM CARNE SECA

INGREDIENTES

1 receita de sopa de mandioquinha *(veja pág. 32)*

250g de carne seca (o pacote embalado a vácuo em geral tem 500g, então você pode dobrar a quantidade de mandioquinha, ou aproveitar a carne para outra receita/porção; há duas opções, a carne dianteira ou traseira, que é mais cara, mas tem menos gordura e nervos — vale o investimento)

1 cebola grande bem picada

5 col. (sopa) de azeite de oliva virgem

Salsinha ou coentro para enfeitar

MODO DE FAZER

» Um dia antes, deixe a carne seca de molho em cerca de 1,5 litro de água para dessalgar. Corte em quatro pedaços grandes para tirar bem o sal, mas não todo. Troque a água uma ou duas vezes.

» Depois que dessalgar, leve a carne seca a uma panela e cubra com água. Deixe ferver por uns 15 minutos, retire da água e deixe esfriar até poder manipulá-la.

» Desfie a carne seca e experimente para ver se o sal está tolerável. Se ainda estiver salgado demais, ferva em água limpa por mais uns 15 minutos.

» Em uma panela grande, refogue a cebola no azeite até ficar transparente, depois acrescente a carne e deixe refogar mais um pouco.

» Misture o creme de mandioquinha ao refogado e mexa bem. Deixe cozinhar por mais uns 15 minutos.

» Sirva com salsinha ou, se preferir, coentro picadinho por cima. Uma pimentinha vermelha também cai bem.

COM FRANGO DESFIADO

INGREDIENTES

1 receita de sopa de mandioquinha *(veja pág. 32)*

1 peito de frango sem osso e sem pele

5 col. (sopa) de azeite de oliva virgem

1 cebola bem picada

Salsinha para enfeitar

MODO DE FAZER

» Corte o peito de frango em quatro pedaços grandes e refogue em uma panela com o azeite.

» Acrescente a cebola e continue a refogar.

» Junte o creme de mandioquinha e deixe cozinhar até o frango ficar bem macio. Se preferir, cozinhe a carne junto com a mandioquinha no processo inicial, mas vale avisar que o sabor fica mais intenso com o frango refogado.

» Desfie o frango, misture bem e sirva com salsinha picada por cima.

CADA PAÍS COM A SUA SOPA

Conforme a geografia, cada lugar cria sua própria receita de sopa. Países litorâneos em geral têm sua sopa de frutos do mar. No litoral da América do Norte, existe o *chowder*, que leva peixe e/ou mariscos cozidos em caldo de carne de porco salgada, com ervas e temperos. Em Nova York, a receita recebeu a contribuição dos italianos e ganhou tomates.

Ainda quando estava na faculdade, comi a melhor da minha vida. Na época, passei uma semana em Puerto Montt, quase mil quilômetros ao sul da capital do Chile, Santiago. Fui em janeiro, mas o frio era intenso, pois o Chile é banhado pela corrente de Humboldt, que esfria o litoral mas traz muito alimento para a vida marinha. O resultado é uma fauna marinha riquíssima, com mariscos típicos chamados *locos*, uma bola de carne branca e fibrosa que parece uma mussarela de búfala. Lá existe a *paila marina*, um caldo com vários tipos de mariscos, legumes e temperos. Comi o prato no mercado de peixe de San Antonio, o lugar com a maior variedade de frutos do mar que já vi.

Na Espanha, a receita típica é o *gazpacho*, uma sopa fria à base de tomate e pimentão. A sopa italiana, por excelência, é o *minestrone*, uma mistureba de tudo: feijão, legumes, folhas, carne — justamente aquela que ia sendo completada dia após dia durante a Guerra (e talvez também fora dela, nas regiões mais pobres).

A sopa chinesa, por sua vez, é a de *won ton*, um caldo de legumes com pasteizinhos que parecem os *guiozas* japoneses. No Japão, nenhuma refeição começa sem *missoshiro*, o caldo da pasta de missô (soja fermentada) com tofu e cebolinha.

Cebola cozida durante horas, com uma crosta de queijo crocante e uma fatia de baguete tostada: essa é a sopa típica da França, uma atração também do inverno paulistano, servida no Ceagesp, a central de distribuição de alimentos da cidade.

E finalmente, o *borscht*, sopa russa de beterraba, a mais linda que há (é só olhar a foto na página 39!). Alterei a receita para ficar mais light, porque a original leva creme de leite.

Nos meus experimentos, inspirada nos *dahls* indianos e no *hommus*, a deliciosa pasta de grão-de-bico árabe, inventei mais três receitas que fazem o maior sucesso e, como são feitas de grãos, deixam a barriga quente e bem cheia. Aí vão elas.

Sopa de beterraba com iogurte

INGREDIENTES
(RENDE 8 POTES DE 400ML)

4 ou 5 beterrabas grandes

2 folhas de louro

½ cebola picada e a outra metade cortada em duas partes

1 dente de alho

2 col. (sopa) de sal

2 copos de iogurte natural (desnatado, se quiser)

Sal e pimenta-do-reino

Óleo vegetal ou azeite para refogar

Iogurte para servir

> O AZEDINHO DO IOGURTE COM A DOÇURA DA BETERRABA CRIAM UM TERCEIRO SABOR, ÚNICO. A RECEITA ORIGINAL LEVA CREME DE LEITE, MAS EU GARANTO QUE O IOGURTE FUNCIONA MELHOR.

MODO DE FAZER

» Corte as pontas da beterraba com casca e cozinhe na panela de pressão junto às duas colheres de sal, e mais a cebola, o alho e o louro.

» Depois de cozidas, escorra e dispense a água. Passe as beterrabas pela água fria e vá tirando a casca, que deve se desprender facilmente.

» Bata a beterraba no liquidificador com água ou, se preferir, com caldo de legumes *(veja a receita na pág. 61)*.

» Depois de bater tudo junto, refogue a cebola picada no óleo ou azeite até ficar transparente, sem deixar dourar. Despeje a beterraba batida, misture bem e deixe ferver. Abaixe o fogo, coloque o iogurte e incorpore com um fouet. Acerte o sal e coloque pimenta-do-reino a gosto.

» Deixe esquentar novamente e sirva com uma colher de iogurte por cima.

PÃOZINHO SEMPRE É UM BOM ACOMPANHAMENTO

Lentilha com Garam Masala

INGREDIENTES
(RENDE DE 6 A 7 POTES DE 400ML)

500g de lentilha seca

1 folha de louro

Sal e pimenta-do-reino

½ cebola picada

2 dentes de alho picados

1 col. (sopa) de garam masala

Azeite virgem para refogar

Azeite extravirgem e grãos de pimenta-rosa para servir

MODO DE FAZER

» Cozinhe a lentilha com água suficiente para cobri-la até ficar bem macia. Coloque o louro, sal e pimenta a gosto. O cozimento deve levar cerca de meia hora em panela normal.

» Depois de cozida, bata no liquidificador acrescentando água filtrada suficiente para dar a consistência desejada.

» Refogue a cebola e o alho no azeite virgem, sem deixar dourar, e misture a lentilha batida.

» Acrescente o garam masala, acerte o sal e a pimenta, e misture muito bem. O grau de picância fica por sua conta.

» Sirva com um fio de azeite extravirgem por cima, e grãos de pimenta-rosa.

DICA GARAM MASALA É UM TEMPERO INDIANO FEITO COM GRÃOS DE PIMENTA, LOURO, CRAVO, CANELA, COMINHO, CARDAMOMO, NOZ-MOSCADA E SEMENTES DE COENTRO, TUDO MOÍDO. NA ÍNDIA, CADA FAMÍLIA PREPARA SEU PRÓPRIO MASALA, QUE SIGNIFICA "MISTURA". SE NÃO ENCONTRAR O TEMPERO PRONTO, VOCÊ TAMBÉM PODE CRIAR O SEU.

UM TOQUE ESPECIAL DE PIMENTA ROSA

Ervilha com curry

INGREDIENTES
(RENDE DE 6 A 7 POTES DE 400ML)

500g de ervilha seca partida

4 tomates bem maduros ou 1 lata de tomate pelado

½ cebola picada

1 dente de alho picado (ou substitua os dois por alho-poró, que também fica muito bom)

1 col. (sopa) de curry

Sal e pimenta-do-reino

Azeite virgem para refogar

Pimenta-vermelha para enfeitar

MODO DE FAZER

» Cozinhe a ervilha com água suficiente para cobri-la, até ficar bem macia. Coloque o louro, sal e pimenta a gosto. O cozimento deve levar cerca de uma hora em panela normal, ou 20 minutos em panela de pressão.

» Depois de cozida, bata no liquidificador acrescentando água filtrada suficiente para dar a consistência desejada.

» Refogue o tomate (se for fresco, retire a pele), a cebola e o alho no azeite virgem sem deixar dourar e misture a ervilha batida.

» Acrescente o curry, acerte o sal e a pimenta e misture muito bem. Aqui você também pode caprichar na picância, se gostar.

» Enfeite com uma pimentinha.

DICA ASSIM COMO O GARAM MASALA, O CURRY TAMBÉM É UM TEMPERO INDIANO TÍPICO DE CADA FAMÍLIA, BEM MAIS FÁCIL DE ENCONTRAR. VOCÊ TAMBÉM PODE PERSONALIZAR O SEU COM MAIS OU MENOS PIMENTA.

A ERVILHA USADA É A SECA, NÃO EM LATA

Sopa Hommus

INGREDIENTES
(RENDE 5 A 6 POTES DE 400ML)

500g de grão-de-bico (deixe de molho de um dia para o outro)

3 col. (sopa) de tahine

2 col. (sopa) de azeite virgem para refogar

2 folhas de louro

Sal e pimenta-do-reino

½ cebola picada

2 dentes de alho picados

Azeite extravirgem, cebolinha e gergelim para enfeitar

MODO DE FAZER

» Escorra o grão-de-bico que ficou de molho e coloque para cozinhar com as folhas de louro em uma panela de pressão por cerca de 45 minutos.

» Depois de cozinhar, escorra e bata no liquidificador colocando água aos poucos, até ficar com a consistência de sua preferência. Tempere a gosto com sal e pimenta.

» Em uma panela grande, coloque o tahine e o azeite, e refogue a cebola picada e o alho, mexendo bem para incorporar o tahine.

» Coloque o grão-de-bico batido e deixe ferver, mexendo bem.

» Sirva com um fio de azeite e gergelim por cima. Também combina muito com cebolinha picada.

DICA UMA OPÇÃO MAIS PRÁTICA PARA PREPARAR ESSA SOPA É USANDO O GRÃO-DE-BICO EM LATA. TEM UMA MARCA IMPORTADA COM LATAS DE 300 GRAMAS. É SÓ LAVAR BEM E BATER DUAS DELAS NO LIQUIDIFICADOR. O TAHINE, QUE É UM TEMPERO ÁRABE, VOCÊ ENCONTRA NÃO APENAS EM EMPÓRIOS ESPECIALIZADOS, MAS TAMBÉM NA MAIORIA DOS GRANDES MERCADOS.

GERGELIM NEGRO PARA DECORAR

SOPA, CIÊNCIA E ARTE

Com a Revolução Industrial, a ciência chegou aos alimentos. Antes do advento da geladeira, as pessoas criavam processos para manter os alimentos conservados por mais tempo, usando principalmente sal e especiarias. Foi graças ao cravo e à canela, usados para conservar a carne (ou disfarçar seu cheiro ruim), que a América foi "descoberta". Mas só depois da Revolução Industrial é que a comida passou a ser processada.

A sopa, claro, também entrou na onda e assumiu várias formas. Hoje, um copo plástico aquecido em micro-ondas, mesmo sem grandes contribuições nutricionais, é um quebra-galho para estudantes sem grana e gente que não sabe fazer nada na cozinha. A ideia de uma sopa desidratada como essa não é nova. Os colonizadores americanos carregavam uma "sopa de bolsa", reidratada com água. A primeira versão em lata veio no século 19, como suprimento militar, graças aos processos de produção da Revolução Industrial.

Foi na mesma época que surgiu a sopa mais famosa do mundo, a Campbell's. O vendedor de frutas Joseph Campbell e o fabricante de caixas de gelo Abraham Anderson se uniram para enlatar tomates, raízes, geleias, condimentos e carne moída. A primeira fábrica do que se tornaria a Campbell's foi aberta em Camden, Nova Jersey, em 1869. Pouco depois, Campbell vendeu sua parte na sociedade, mas a marca já estava consolidada.

Em 1895, eles lançaram a primeira sopa pronta para comer. O sabor? Tomate. Em seguida, o herdeiro então à frente da empresa, que era químico, inventou a sopa condensada, uma preparação concentrada que dobra de volume com o acréscimo de uma lata de água ou leite. A embalagem atual surgiu em 1898, e desde então pouca coisa mudou. A sopa, que já era um símbolo dos Estados Unidos, ficou mais famosa em 1962, quando Andy Warhol pintou a série de 32 latas de sopa, exposta hoje no famoso MoMA de Nova York.

A abóbora cabochã, que muitos chamam de abóbora japonesa, para mim é uma obra de arte como ingrediente de sopa. É superversátil e rende sopas de uma cor intensa, bem laranja. Eu aproveito tudo, inclusive a casca, que dá mais consistência e cremosidade. Aí vão as minhas três versões favoritas:

ABÓBORA
COM SHITAKE

ABÓBORA COM
QUEIJO AZUL

ABÓBORA
COM GENGIBRE

Base da sopa de abóbora

INGREDIENTES
(RENDE 8 A 10 POTES DE 400ML)

1 abóbora cabochã inteira, de cerca de 1,5kg

3 folhas de louro

1 cebola cortada em metades

Sal e pimenta-do-reino a gosto

MODO DE FAZER

» Lave bem a abóbora, corte ao meio e descasque a metade. A outra metade pode ficar com casca.

» Coloque os pedaços com e sem casca em uma panela grande e cubra com água. Coloque a cebola, o louro, o sal e a pimenta, e deixe cozinhar por cerca de meia hora.

» Bata a mistura no liquidificador.

» Quanto mais casca, mais consistente fica a sopa. A cor também fica mais esverdeada. Se preferir, em vez de bater tudo, deixe alguns pedacinhos de casca. Fica muito bom!

COM SHITAKE

INGREDIENTES

1 receita de sopa de abóbora *(veja pág. 50)*

300g. de cogumelo shitake bem lavado e em fatias

5 col. (sopa) de shoyu

1 col. (sopa) bem cheia de manteiga sem sal

½ cebola bem picada

MODO DE FAZER

›› Em uma panela de fundo grosso, refogue a cebola na manteiga até ficar transparente, sem dourar.

›› Acrescente o shitake e o shoyu e refogue bem, até secar um pouco a água que desprende dos próprios cogumelos.

›› Coloque uma porção da sopa de abóbora conforme a receita base e misture bem.

›› Espere levantar fervura, acerte o sal, se necessário, e sirva.

COM QUEIJO AZUL

INGREDIENTES

1 receita de sopa de abóbora *(veja pág. 50)*

½ cebola picada

2 dentes de alho bem picados

300g. de queijo azul picado (gorgonzola ou roquefort), mais uns 50g. para enfeitar

3 col. (sopa) de azeite virgem para refogar

MODO DE FAZER

》 Refogue a cebola e o alho no azeite em uma panela grande, sem deixar dourar.

》 Acrescente a sopa de abóbora conforme a receita base e misture bem.

》 Deixe levantar fervura e vá acrescentando aos poucos o queijo, para ir derretendo na sopa.

》 Acerte o sal, se necessário.

》 Sirva com o queijo picadinho por cima.

COM GENGIBRE

INGREDIENTES

1 receita de sopa de abóbora *(veja pág. 50)*

1 cebola grande bem picada

5 col. (sopa) de azeite de oliva virgem

50g de gengibre em lâminas finas

Azeite extravirgem para decorar

MODO DE FAZER

》 Em uma panela grande, refogue a cebola no azeite até ficar transparente, sem deixar dourar.

》 Acrescente o gengibre e refogue um pouco.

》 Adicione a porção da sopa conforme a receita base e deixe ferver por alguns minutos.

》 Acerte os temperos e regue com um fio de azeite por cima.

CALDINHOS, A SOPA TÍPICA BRASILEIRA

Mesmo sendo um país calorento, o Brasil também tem suas sopas tradicionais. Na verdade, até no auge do calor, muita gente encara um caldinho no bar, junto com uma cervejinha gelada ou, quem sabe, uma cachacinha de respeito.

Em seu livro *Brasil bom de boca*, o antropólogo Raul Lody fala sobre a feijoada e sua origem nas senzalas, como comida de escravos. O caldinho de feijão, conta ele, é parte da própria feijoada, tomado como "abrideira", quer dizer, para abrir o apetite antes que o comensal caia de boca na pratada de feijoada.

É até meio óbvio: o caldo grosso da feijoada, resultado de horas de cozimento de todas aquelas carnes e temperos, é tudo de bom. Outros caldinhos também são aperitivo, como o de sururu, um marisco bem comum no litoral brasileiro, principalmente na Bahia, Alagoas e Pernambuco. Ele tem a casca escura e comprida e é encontrado no mar e no mangue.

E ainda tem o caldinho de mocotó, caríssimo aos nordestinos, que creditam a ele inclusive poderes afrodisíacos. Pelo menos é o que diz Genival Lacerda na música homônima, cujo protagonista andava meio pra baixo, com a mulher reclamando, até que tomou o caldo e virou machão. Na letra, ele até ensina a preparar a iguaria, com quatro patas de vaca sem couro, cozidas com pimenta malagueta e cachaça.

O caldo de mocotó não faz parte do meu repertório, mas meu caldinho de feijão virou tradição nas festas juninas do Festival Internacional de Curtas-metragens de São Paulo. Eu adoro feijão preto, mas também rola usar o feijão carioquinha. Fiz uma variação com feijão branco, outra delícia. Escolha a sua preferida...

Caldinho de feijão do Festival

INGREDIENTES
(RENDE 10 A 12 POTES DE 400ML)

1kg de feijão preto

2 cebolas bem picadas

4 dentes de alho bem picados

1 linguiça calabresa ou 2 paios ou 1 linguiça portuguesa

3 folhas de louro

Sal e pimenta-do-reino

Óleo vegetal ou azeite virgem para refogar

Salsinha ou coentro para servir

Bacon frito para servir, se quiser

> PARA O FESTIVAL, EU PREPARAVA UM CALDEIRÃO ENORME, O DOBRO DA RECEITA ACIMA. MAS 1 QUILO DE FEIJÃO JÁ RENDE CALDINHO SUFICIENTE PARA UMA SENHORA FESTA.

MODO DE FAZER

» Lave e escolha o feijão e deixe de molho por uma hora na água quente.

» Escorra bem e cozinhe em panela de pressão com água suficiente para cobrir o feijão, junto com a linguiça cortada em pedaços grandes e o louro. Cerca de meia hora é suficiente. Se não quiser usar a panela de pressão, pode usar o caldeirão, mas fique de olho para a água não secar. Nesse caso, o cozimento pode passar de 1 hora.

» Quando o feijão estiver bem cozido, retire as folhas de louro e a linguiça, e descarte-os. Bata no liquidificador em porções, com o líquido do cozimento. Se precisar, acrescente mais água. Acerte o sal e a pimenta, mas com cuidado, pois pode ficar salgado, já que vai cozinhar ainda mais.

» Depois de bater tudo, coloque a cebola, o óleo e depois o alho, em um caldeirão fundo. Refogue até ficar transparente, em fogo médio.

» Despeje então o feijão batido e deixe ferver. Abaixe o fogo, e cozinhe por cerca de 15 minutos. Verifique a quantidade de água para que o caldinho não fique muito grosso. Confira o sal e sirva em copinhos térmicos ou canequinhas. Por cima, polvilhe o coentro ou a salsinha e o bacon picados.

VAI UMA CACHACINHA AÍ?

Sopa de feijão branco

INGREDIENTES
(RENDE 6 A 7 POTES DE 400ML)

500g de feijão branco

1 cebola bem picada

3 dentes de alho bem picados

2 folhas de louro

2 tomates grandes maduros sem pele ou ½ lata de tomate pelado

Sal e pimenta-do-reino

Óleo vegetal ou azeite virgem para refogar

Salsinha para servir

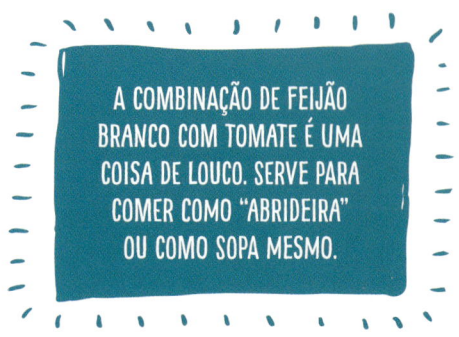

MODO DE FAZER

>> Lave, escolha e escorra a água do feijão. O feijão branco é bem macio, nem precisa deixar de molho.

>> Cozinhe por cerca de 20 minutos na pressão ou por 1 hora em uma panela normal semi-tampada, com o louro.

>> Quando estiver cozido, retire o louro e descarte. Bata aos poucos no liquidificador, colocando um pouquinho de sal e pimenta em cada porção. Reserve em uma vasilha funda.

>> Em uma panela grande, refogue a cebola, o alho e o tomate até criar um molho encorpado.

>> Despeje o feijão, misture bem e acerte a consistência com água. Cozinhe por cerca de 10 minutos e verifique o sal e a pimenta. Sirva com salsinha picada por cima.

A COMBINAÇÃO DE FEIJÃO BRANCO COM TOMATE É UMA COISA DE LOUCO. SERVE PARA COMER COMO "ABRIDEIRA" OU COMO SOPA MESMO.

SALSINHA PARA ENFEITAR

PARA IR ALÉM

Todas essas receitas são experiências que fui fazendo na cozinha, e que foram testadas e aprovadas por vários amigos. Alguns deles até gostariam que eu parasse de escrever para cozinhar... Costumo dizer que os elogios são mais efusivos para as minhas sopas do que para os meus textos e, às vezes, dá vontade mesmo de sair da frente do computador para ficar só na cozinha.

Como nunca tive muito tempo livre, sempre preparei tudo da forma mais prática possível, mas evitando usar enlatados e temperos prontos. Se você tiver mais tempo que eu, é legal preparar antes o "fundo", ou seja, o caldo mais concentrado que serve como base da sopa no lugar da água. Aqui vão três receitinhas simples:

Caldo de frango

INGREDIENTES

1kg de frango com osso (use uma carcaça e mais alguns pedaços; se quiser aproveitar o frango na própria sopa, use sobrecoxa e coxa, por exemplo)
1 cebola
2 folhas de louro
3 cenouras médias
1 talo de salsão sem as folhas
Orégano
Salsinha (pode usar os talos também)
Sal e pimenta-do-reino a gosto

MODO DE FAZER

≫ Se for usar o preparo na sopa, cozinhe antes as partes do frango temperadas com sal e pimenta em cerca de 1 litro de água. Deixe levantar fervura, abaixe o fogo e cozinhe por cerca de 40 minutos. Retire então o frango, que pode ser desfiado para usar na própria sopa ou em outras preparações, como tortas e sanduíches. Coloque a carcaça do frango na água e acrescente os demais ingredientes. Complete com mais 2 litros de água e deixe cozinhar por cerca de 2 horas. Coe com uma peneira fina. Para que fique mais light, espere esfriar e retire a gordura que fica por cima. Você pode guardar o caldo na geladeira por uma semana, ou por até três meses no freezer.

Caldo de legumes

INGREDIENTES

2 cenouras
2 talos de salsão (um com folhas)
1 alho-poró
1 cebola cortada em pedaços
2 folhas de louro
Salsinha (pode usar os talos também)
Sal, pimenta-do-reino e orégano a gosto

MODO DE FAZER

》 Depois de lavar bem os legumes e cortar todos em pedaços grandes, leve ao fogo alto com a água. Assim que ferver, abaixe o fogo e deixe cozinhar por 30 minutos. Desligue o fogo e coe o caldo com uma peneira fina, descartando os legumes. Você pode guardar na geladeira por uma semana, ou por até seis meses no freezer.

Caldo de carne

INGREDIENTES

1kg de carne (pode ser músculo, coxão duro ou acém, que é mais gorduroso. É bom que tenha um pedaço com osso também, tipo ossobuco)
1 alho-poró
2 dentes de alho
1 cebola grande
3 cenouras grandes
2 folhas de louro
Orégano
Salsinha (pode usar os talos também)
Cebolinha
Sal e pimenta-do-reino a gosto
2 col. (sopa) de azeite para refogar

MODO DE FAZER

》 Tempere a carne com antecedência de pelo menos uma hora, com sal, pimenta, orégano, o alho e a cebola. Então coloque em uma panela grande a cenoura e o alho-poró cortados em rodelas grossas e a carne em sua marinada, e refogue por alguns minutos em fogo bem baixo, para que a carne e os temperos comecem a soltar seus líquidos. Coloque 3 litros de água e deixe levantar fervura. Vá retirando com a escumadeira a espuma que se forma por cima. Acrescente mais um litro de água e deixe ferver por cerca de duas horas. Coe em peneira fina. Se quiser, aproveite a carne desfiada na própria sopa ou em outras preparações, como escondidinho. Para que fique mais light, espere esfriar e retire a gordura que fica por cima. Você pode guardar o caldo na geladeira por uma semana, ou por até três meses no freezer.

QUAL É A DIFERENÇA?

Talvez você já tenha ouvido esses termos, que fazem parte do dicionário gastronômico oficial dos caldos e sopas. Só por curiosidade, conheça essas definições:

BISQUE Em geral, usa frutos do mar em forma de purê, o que resulta em uma sopa grossa com creme de leite e legumes.

BRODO Designação italiana para o caldo obtido através do cozimento de carnes e legumes e, em alguns casos, apurados com vinho branco. O brodo é a alma de inúmeras preparações culinárias, base para sopas, molhos, cremes, risotos, etc.

CALDO OU FUNDO Feito com algum tipo de carne ou legumes fervidos em água, com ou sem ossos. Em geral é temperado com ervas e então coado. É a base das sopas líquidas e também serve para risotos e outros preparos.

CONSOMÊ Palavra de origem francesa para um caldo de sabor intenso que foi reduzido e clarificado de gordura e sedimentos.

SOPA No Brasil, é o nome genérico de qualquer alimento líquido ou pastoso baseado em um caldo com legumes, grãos ou outros ingredientes. Basicamente, é disso que estamos falando.

REFERÊNCIAS BIBLIOGRÁFICAS

LIVROS

Lody, Raul. *Brasil bom de boca: temas de antropologia da alimentação.* São Paulo: Senac, 2008.

Hirsh, Sonia. *Amiga cozinha.* Petrópolis: Correcotia, 2009.

Brillat-Savarin. *A fisiologia do gosto.* São Paulo: Companhia das Letras, 1999.

Belluzzo, Rosa. *Machado de Assis*: Relíquias culinárias. Ed. Unesp.

BLOGS

A cozinha da Cacau. Disponível em http://www.acozinhadacacau.com.br. Acesso em 7 ago. 2014.

Come-se. Disponível em: http://come-se.blogspot.com.br. Acesso em 7 ago. 2014.

Food timeline. http://www.foodtimeline.org/foodsoups.html. Acesso em 7 ago. 2014.

Ehow.com. *History of soup.* http://www.ehow.com/about_5399668_history-soup.html. Acesso em 7 ago. 2014.

Hagerstown Magazine. *Food comfort in a laddle.* Disponível em: http://www.hagerstownmagazine.com/articleDetail.aspx?id=716. Acesso em 7 ago. 2014.

Panelinha. Disponível em: http://panelinha.ig.com.br. Acesso em 7 ago. 2014.

Portal BBC Mundo. *Quino: "Me gusta la sopa".* Disponível em: http://news.bbc.co.uk/hi/spanish/misc/newsid_3541000/3541928.stm. Acesso em 7 ago. 2014.

O livro foi composto nas fontes
Adobe Caslon, PINTO e *Thirsty Rough*
e impresso na Gráfica Vida & Consciência
para a Pólen Livros em agosto de 2014.